तुलसीदास

तुलसीदास

सूर्यकान्त त्रिपाठी 'निराला'

राजकमल प्रकाशन

‘सुधा’ मासिक, लखनऊ के फरवरी, मार्च, अप्रैल, मई और जुलाई 1935 के अंकों में पाँच किस्तों में प्रकाशित।

दूसरा संस्करण भारती भंडार इलाहाबाद से 1938 में प्रकाशित।

ISBN : 978-81-267-0458-3

मूल्य : ₹495

राजकमल से पहली बार : 1992
तीसरा संस्करण : 2024
This book is printed on **Print on Demand** Technology : 2025

प्रकाशक : राजकमल प्रकाशन प्रा. लि.
1-बी, नेताजी सुभाष मार्ग, दरियागंज
नई दिल्ली-110 002

शाखाएँ : अशोक राजपथ, साइंस कॉलेज के सामने, पटना-800 006
पहली मंजिल, दरबारी बिल्डिंग, महात्मा गांधी मार्ग, प्रयागराज-211 001
1, अनमोल सोराबजी सन्तुक लेन, धोबी तलाव, मरीन लाइंस, मुम्बई-400 002

वेबसाइट : www.rajkamalprakashan.com
ई-मेल : info@rajkamalprakashan.com

TULSIDAS
Poetry by Suryakant Tripathi ‘Nirala’

आदरणीय अग्रज
पंडित श्री श्रीनारायणजी चतुर्वेदी महोदय
के
कर-कमलों में
साहित्य-रचना-स्मृति-रूप

तुलसीदास

—निराला

लखनऊ

परिचय

पद्य में कहानी कहने की प्रथा प्राचीन काल से प्रचलित है। प्रस्तुत कविता भी एक कथा-वस्तु को लेकर निर्मित हुई है। गोस्वामी तुलसीदास किस प्रकार अपनी स्त्री पर अत्यधिक आसक्त थे, और बाद को उसी के द्वारा उन्हें किस प्रकार राम की भक्ति का निर्देश हुआ, यह कथा जन-साधारण में प्रचलित है। इसी कथा की नींव पर कवि ने इस लम्बी कविता की रचना की है; कारण यह कि उसने कथा-तत्त्व में और बहुत-सी बातें देखी हैं जो जन-साधारण की दृष्टि से ओझल रहती हैं। तुलसी का प्रथम अध्ययन, पश्चात् पूर्व संस्कारों का उदय, प्रकृति-दर्शन और जिज्ञासा, नारी से मोह, मानसिक संघर्ष और अन्त में नारी द्वारा ही विजय आदि वे मनोवैज्ञानिक समस्याएँ हैं जिन्हें लेकर कवि ने कथा को विस्तार दिया है। यहाँ रहस्यवाद से सम्बन्ध रखनेवाली भावना-प्रणाली विश्लेषण करना कवि का इष्ट रहा है। कथा को प्राधान्य देनेवाली कविताएँ हिन्दी में शतशः हैं; मनोविज्ञान को आधार मान पद्य में लिखी जानेवाली कविताओं में यह एक ही है।

आलंकारिक रूप में कवि ने पहले मुगलों के आक्रमण का वर्णन किया है और बताया है किस प्रकार हिन्दू शासन-सम्बन्ध में ही नहीं पराजित हुए वरन् उनकी सभ्यता और संस्कृति को

भी भारी धक्का पहुँचा। हिन्दू-सभ्यता के सूर्य का अस्त होने पर मुस्लिम संस्कृति के चन्द्रमा का उदय हुआ। इस नवीन संस्कृति के शीतल आलोक में तुलसीदास का जन्म होता है। एक दिन वह मित्रों के साथ चित्रकूट घूमने जाते हैं, वहाँ प्रकृति देख उन्हें बोध होता है, किस प्रकार चेतन के स्पर्श न पा सकने से जैसे सब जड़वत् रह गया है। प्रकृति से उन्हें सन्देश मिलता है, जड़ से चेतन की ओर बढ़ने का, इस रात्रि से दिन की खोज करने का। जिस माया ने सत्य को छिपा रखा है, उसका उन्हें आभास मिलता है। इतने ही संकेत से तुलसीदास का मन ऊर्ध्वगामी होकर आकाश के स्तर के स्तर पार करने लगा। मन की अत्यन्त ऊँची उड़ान से उन्होंने देखा किस प्रकार भारत की सभ्यता एक जाल में फँसी हुई है, जैसे सूर्य की आभा को राहु ने ग्रस लिया हो। भारतीय संस्कृति किस प्रकार अधोगति को प्राप्त हुई इसका कवि ने यहाँ मर्मस्पर्शी वर्णन किया है। इस भारतीय संस्कृति को एक लहर की तरह मुस्लिम सभ्यता आक्रान्त किए हुए थी; इसी विदेशी सभ्यता की लहर के ऊपर वह आलोकमय सत्य का लोक है जो इस समय हिन्दुओं की दृष्टि से ढका हुआ है। बिना इस बीच के सांस्कृतिक अन्धकार को पार किए सत्य तक पहुँच नहीं हो सकती।

तुलसीदास के प्राण इस अज्ञान का नाश करने को विकल हो गए किन्तु उसी क्षण वहाँ आकाश में उन्हें अपनी स्त्री के दर्शन हुए। उसी के मोह में बँधकर उनका जिज्ञासु मन नीचे उतर आता है। सारी प्रकृति ही उन्हें अपनी स्त्री के सौन्दर्य में रँगी जान पड़ती है। अपने मित्रों के साथ वे लौट आते हैं। रास्ते में इसी मोह की विवेचना करते आते हैं और जैसा स्वाभाविक था वह इस मोह को ही सत्य करके मानते हैं।

इधर रत्नावली का भाई उसे लिवाने आता है और जब तुलसीदास बाजार जाते हैं, वह उनकी स्त्री को लिवा ले जाता है। घर आकर तुलसी ने देखा, वहाँ कोई भी नहीं है। बस घर से निकल पड़े और ससुराल चल दिये। उनकी श्रृंगार भावनाओं के अनुकूल रास्ते में प्रकृति भी मोहक सौन्दर्य में रँगी हुई जान पड़ती है।

रात्रि में एकान्त हुआ और उस समय तुलसीदास ने प्रिया का एक नवीन रूप देखा। समग्र भारत की सभ्यता को पुनर्जीवन देने के लिए ही जैसे विधाता ने उसे तुलसी की स्त्री बनाया था। आवेश में उसके केश खुल गए थे, आँखों से जैसे ज्वाला निकल रही थी, अपनी ही अग्नि में जैसे उसने अपने रूप को भस्म कर दिया था। तुलसी ने उसकी अरूपता देखी और सहम गए; ऐसा सौन्दर्य उन्होंने पहले कभी न देखा था। उसके शब्द उनकी अन्तरात्मा में पैठ गए और वह चलने को तैयार हो गए। रत्नावली को उस समय बोध हुआ कि यह बिछोह सदा के लिए होगा। उसके नेत्रों में आँसू भर आए, लेकिन तुलसीदास के लिए लौटना असम्भव था। वह उसे समझा-बुझाकर चल दिये। और यह विजय भारतीय संस्कृति की विजय थी। किस प्रकार तुलसी के संघर्ष का अन्त होते ही अज्ञात न जाने कहाँ-कहाँ हर्ष छा गया, उस सब उल्लास का वर्णन कविता में ही पढ़ते बनता है। संघर्ष का जैसा ओजपूर्ण चित्रण कवि ने किया है, वैसा ही उसका अन्त भी हृदय में न समा सकनेवाले भारत किंवा विश्वव्यापी उल्लास में किया है।

कवि का क्षेत्र नवीन है। रहस्यवाद का कथा रूप में उसने एक नया चित्र खींचा है। मनोवैज्ञानिक तथ्यों का निरूपण उसका ध्येय है, अत: उसे अपनी भाषा बहुत कुछ स्वयं गढ़नी पड़ी है।

किस सफलता से उसने छोटी-छोटी बातों से लेकर बड़े-बड़े मानसिक घात-प्रतिघातों को अपनी वाणी द्वारा सजीव कर दिया है, यह सहृदय पाठक स्वयं समझेंगे। निराला जी अपनी कविता में ओजगुण के लिए प्रसिद्ध हैं; उसका यहाँ पूर्ण विकास हुआ है। रहस्यवाद को उनके पुरुषत्व ने उसके अन्तर्द्वंद्व के साथ कथा रूप में यहाँ चित्रित किया है। भाषा के साथ छन्द का ओज देखते ही बन पड़ता है। हमें पूर्ण आशा है, हिन्दी संसार इस कविता की मौलिकता और उसकी महत्ता की कद्र करेगा।

कृष्णदास [रामविलास शर्मा]

शान्ति कुटीर
काशी, फाल्गुन, 95

तुलसीदास

1

भारत के नभ का प्रभापूर्य
शीतलच्छाय सांस्कृतिक सूर्य
अस्तमित आज रे—तमस्तूर्य दिङ्मंडल;
उर के आसन पर शिरस्त्राण
शासन करते हैं मुसलमान;
है ऊर्मिल जल, निश्चलत्प्राण पर शतदल।

मुसलमानों के आक्रमण से हिन्दू संस्कृति का जो ह्रास हो गया है, उसी का यहाँ वर्णन है।
प्रभापूर्य—प्रकाश भरनेवाला।
शीतलच्छाय—शीतल छायावाला। सूर्य चूँकि संस्कृति का है, अत: शीतल छाया देनेवाला है।
सांस्कृतिक सूर्य—संस्कृति का सूर्य, ऊपर जिसके विशेषण दिए गए हैं।
अस्तमित—विदेशियों के आक्रमण के कारण वह सूर्य आज अस्त हो गया।
तमस्तूर्य दिङ्मंडल—सूर्य अस्त होने से जैसे दिशाएँ अन्धकार की तुरही बजा रही हों।
उरके...शिरस्त्राण—शिर की रक्षा करने के लिए मुसलमान राजा हैं पर वे छाती पर बैठकर शासन करते हैं; भारतीयों को दास बनाए हैं।
ऊर्मिल जल—भारतीय जीवन का जल देखने को लहरों से चंचल है;
निश्चलत्प्राण पर शतदल—परन्तु कमल जो जल के जीवन का प्रतीक है वह प्राणहीन, नि:स्पंद हो रहा है।
भारतीय संस्कृति की संध्या से इस कविता का आरम्भ होता है।

2

शत-शत अब्दों का सांध्य काल
यह आकुंचित भ्रू कुटिल-भाल
छाया अम्बर पर जलद-जाल ज्यों दुस्तर;
आया पहले पंजाब प्रान्त,
कोशल-बिहार तदनन्त क्रान्त,
क्रमशः प्रदेश सब हुए भ्रान्त, घिर-घिरकर।

उसी सांस्कृतिक संध्या का और विस्तार से वर्णन है।

अब्दों—वर्षों।

आकुंचित भ्रू—भौंह टेढ़ी किए।

क्रान्त—पराजित।

भ्रान्त—पथ-भ्रष्ट।

वर्षों की यह संध्या भौंह टेढ़ी किए, मस्तक पर बल डाले आकाश में बादलों की तरह घिरी है; उसी की छाया से देश के सभी प्रान्त एक के बाद एक पराजित हो गए हैं।

3

मोगल-दल बल के जलद-यान,
दर्पित-पद उन्मद-नद पठान
हैं बहा रहे दिग्देशज्ञान, शर-खरतर,
छाया ऊपर घन-अन्धकार—
टूटता वज्र दह दुर्निवार,
नीचे प्लावन की प्रलय-धार, ध्वनि हर-हर।

संध्या की भयंकरता वर्षा के रूपक द्वारा चित्रित की गई है।

मोगल...यान—मोगलों की सेना बादल है।

दर्पित...पठान—मत्त चलते हुए पठान जल से भरे नद हैं।

दहदुर्निवार—जो वज्र रोका नहीं जा सकता और गिरने पर जीवन को भस्म करनेवाला है।

प्लावन की प्रलय धार—वर्षा का यह जल जीवन नहीं, प्रत्युत मनुष्यों का नाश करनेवाला है।

ध्वनि हर हर—उसकी ध्वनि में हर हर सुनाई देता है; वह प्राणों का हरण करनेवाला है।

4

रिपु के समक्ष जो था प्रचंड
आतप ज्यों तम पर करोद्दंड;
निश्चल अब वही बुंदेलखंड, आभा गत,
नि:शेष सुरभि, कुरबक-समान
संलग्न वृन्त पर, चिन्त्य प्राण,
बीता उत्सव ज्यों, चिन्ह म्लान; छाया श्लथ।

आतप—सूर्य।
करोद्दंड—किरणों से उद्दंड।
निश्चल—गतिहीन, प्राणहीन। जैसे जल पर कमल था।
आभागत—प्रकाशहीन।
नि:शेष...समान—गंधहीन केतकी के फूल के समान।
संलग्न...प्राण—वृंत पर फूल लगा तो है परन्तु प्राणों में उत्साह नहीं, वहाँ चिन्ता ने वास कर रखा है।
बीता...श्लथ—जैसे कहीं उत्सव हो गया हो और अब वहाँ केवल बीते उत्सव के चिन्ह मात्र रह गए हों; जैसे छाया ढीली पड़ी हो।
भाव—शत्रु पर बुंदेले ऐसे आक्रमण करते थे जैसे अन्धकार पर सूर्य किन्तु अब वे निस्तेज हो गए हैं।

5

वीरों का गढ़, वह कालिंजर,
सिंहों के लिए आज पिंजर;
नर हैं भीतर, बाहर किन्नर-गण गाते;
पीकर ज्यों प्राणों का आसव
देखा असुरों ने दैहिक दव,
बन्धन में फँस आत्मा-बांधव दुख पाते।

कालिंजर का गढ़ किसी समय वीरों का दुर्ग था; आज उनके लिए बन्दीगृह है।
पिंजर—पिंजरा, बन्दीगृह।
किन्नर—बाहर नपुंसक उत्सव मना रहे हैं, अपनी दासता पर मग्न होकर।
पीकर...पाते-प्राण शक्ति की मदिरा पीकर जैसे असुरों ने दैहिक यातना भोगी। आध्यात्मिक शक्तियाँ जैसे माया के बन्धनों में पड़कर दुख झेलती हैं (उसी प्रकार भारतीय वीर इस समय यन्त्रणा पा रहे हैं)।

6

लड़-लड़ जो रण बाँकुरे समर,
हो शयित देश की पृथ्वी पर,
अक्षर, निर्जर, दुर्धर्ष, अमर, जगतारण
भारत के उर के राजपूत,
उड़ गये आज वे देवदूत,
जो रहे शेष, नृपवेश सूत-बन्दीगण।

ऊपर नर और किन्नर का अन्तर बताया जा चुका है; यहाँ राजपूत और राजा के वेश में सूतों का अन्तर दिखाया गया है। जो सच्चे राजपूत थे, वे तो देश के लिए लड़कर स्वर्ग चले गए; जो बचे हैं वे सूत, बन्दी मात्र हैं।

शयित—समरभूमि में सोकर।

अक्षर—अमर।

निर्जर—जराहीन, देवता।

दुर्धर्ष—भयंकर युद्ध करनेवाले।

जगतारण—संसार की रक्षा करनेवाले।

राजपूत—वे देशमाता के सच्चे पूत थे।

7

यों, मोगल-पद-तल प्रथम तूर्ण
सम्बद्ध देश-बल चूर्ण-चूर्ण;
इसलाम-कलाओं से प्रपूर्ण जन-जनपद;
संचित जीवन की क्षिप्रधार,
इसलाम - सागराभिमुखऽपार,
बहतीं नदियाँ, नद; जन-जन हार वशंवद।

इस प्रकार इस्लाम ने भारत पर विजय पाई और देश का जीवन उसी विदेशी संस्कृति के अनुरूप ढलने लगा।

तूर्ण—शीघ्र।

सम्बद्ध—संगठित।

जन-जनपद—व्यक्ति और समाज सभी यवन सभ्यता से प्रेरित हैं।

संचित—एकत्र की हुई।

जीवन...धार—भारतीय जीवन की तीव्र धारा।

इस्लाम...पार—इस्लाम संस्कृति के सागर की ओर, अपार? (नदियाँ आदि)।

बहती...वशंवद—जीवन के नदी-नद उसी सागर की ओर बहते हैं। प्रत्येक जन हारकर विजेताओं का वशवर्ती हो उन्हीं की सी कहने लगा है।

8

अब, धौत धरा, खिल गया गगन,
उर-उर को मधुर, तापप्रशमन
बहती समीर, चिर-आलिंगन ज्यों उन्मन।
झरते हैं शशधर से क्षण-क्षण
पृथ्वी के अधरों पर निःस्वन
ज्योतिर्मय प्राणों के चुम्बन, संजीवन!

इस्लाम सभ्यता के मोह का चित्रण।
धौत धरा—आक्रमण की प्रथम वर्षा के बाद जैसे—शरद् आई हो।
तापप्रशमन—ताप को शान्त करनेवाली (हवा)।
चिर...उन्मन-जैसे लोगों के आलिंगन के लिए उन्मन हो।
शशधर—भारतीय संस्कृति के सूर्य के अस्त होने पर मुस्लिम सभ्यता के चन्द्र का उदय हुआ है। उसका अमृत प्रेयसी पृथ्वी के अधरों को सींचता है।
निःस्वन—चुपचाप।
संजीवन—झरते अमृत के चुम्बन पृथ्वी को जीवन देते हैं, अर्थात् सब लोग भोग-विलास में लिप्त हैं।

9

भूला दुख, अब सुख-स्वरित जाल
फैला—यह केवल-कल्प काल—
कामिनी-कुमुद-कर-कलित ताल पर चलता;
प्राणों की छवि मृदु-मन्द-स्पन्द,
लघु-गति, नियमित-पद, ललित-छन्द;
होगा कोई, जो निरानन्द, कर मलता।

विलासपूर्ण जीवन का चित्रण।
सुख-स्वरित जाल—सुख के स्वरों से बुना जाल।
केवल-कल्प काल—केवल कल्पना में सुख देनेवाला; वास्तविक आनन्द से हीन।
कामिनी...चलता—समय की गति सुन्दरियों के इशारों पर निर्भर है।
मृदु-मंद-स्पंद—प्राणों के स्पंदन भी अत्यन्त मधुर और मंद हो गए हैं।
लघु...छंद—जीवन सजा-बजा, सधे ताल पर चल रहा है; मुक्त प्रवाह उसमें नहीं है।
होगा...मलता—शायद ही कोई ऐसे में विलास से विमुख स्वतंत्रता की साधना में मग्न होगा।

10

सोचता कहाँ रे, किधर कूल
कहता तरंग का प्रमुद फूल?
यों इस प्रवाह में देश मूल खो बहता;
'छल-छल-छल' कहता यद्यपि जल,
वह मंत्र मुग्ध सुनता 'कल-कल';
निष्क्रिय; शोभा-प्रिय कूलोपल ज्यों रहता।

जैसे पानी में बहता फूल अपनी गतिविधि भूल जाता है वैसे ही देश इस सभ्यता के प्रवाह में दिशा ज्ञान खो बैठा है। किनारे के पत्थर की भाँति वह कृत्रिम जीवन की छलना को नहीं समझ पाता।

प्रमुद—प्रसन्न।

छल छल छल—जल 'छल छल' शब्द कर सचेत करता है।

परन्तु—

कल-कल—वह मंत्र-मुग्ध कल कल, सुन्दर सुन्दर, ही सुनता है।

निष्क्रिय—अकर्मण्य।

शोभाप्रिय—मिथ्या सौन्दर्य का उपासक।

कूलोपल—धारा के किनारे का पत्थर।

11

पड़ते हैं जो दिल्ली-पथ पर
यमुना के तट के श्रेष्ठ नगर,
वे हैं समृद्धि की दूर-प्रसर माया में;
यह एक उन्हीं में राजापुर,
है पूर्ण कुशल व्यवसाय-प्रचुर,
ज्योतिश्चुम्बिनी कलश-मधु-उर छाया में।

मुस्लिम संस्कृति का प्रसार भूमिका रूप में वर्णित हुआ : अब तुलसीदास के जन्म आदि की ओर आते हैं।

दूरप्रसर—दूर तक फैली हुई—माया में (अर्थात् राजापुर उस समय के समृद्धिशाली नगरों में से है)।

व्यवसाय-प्रचुर—व्यवसाय के कारण उसकी समृद्धि है।

ज्योति...छाया में—उस छाया में छाया जो ज्योति को चूमती है, जिसके हृदय में मधु से भरे कलश हैं, यानी गुम्बददार धनधान्य पूरित मकानों की छाँह में राजापुर के लोग रहते हैं।

12

युवकों में प्रमुख रत्न-चेतन
समधीत - शास्त्र - काव्यालोचन
जो, तुलसीदास, वही ब्राह्मण-कुल-दीपक;
आयत-दृग, पुष्ट-देह, गत-भय,
अपने प्रकाश में निःसंशय
प्रतिभा का मन्द-स्मित परिचय, संस्मारक;

तुलसीदास की शारीरिक गठन, उसके विद्याध्ययन आदि का परिचय दिया जाता है।
रत्नचेतन—रत्न के समान अपनी चेतना से शोभित।
समधीत...लोचन—शास्त्र, काव्य, और आलोचनाएँ जिसने पढ़ी हैं।
आयतदृग—विशाल नेत्र।
अपने प्रकाश में निःसंशय—अपने ज्ञान के बल पर वह निःशङ्क है।
प्रतिभा...संस्मारक-प्रतिभा का सुचारु परिचय देनेवाला और उसे दूसरों के लिए स्मरण करने के योग्य बनानेवाला है।

13

नीली उस यमुना के तट पर
राजापुर का नागरिक मुखर
क्रीड़ितवय - विद्याध्ययनान्तर है संस्थित;
प्रियजन को जीवन चारु, चपल
जल की शोभा का-सा उत्पल,
सौरभोत्कलित अम्बर-तल, स्थल-स्थल, दिक-दिक।

मुखर—वाक्‌पटु।
क्रीड़ितवय...संस्थित—क्रीड़ा और विद्या में उचित समय लगाकर अब जीवन में प्रतिष्ठित है।
प्रियजन...चारु—अपने प्रियजनों को जिसका सुन्दर जीवन है।
चपल...उत्पल—जैसे चञ्चल कमल जल की शोभा को बढ़ाता है।
सौरभोत्कलित...दिक—उसकी सुगन्ध से आकाश, पृथ्वी, दिशाएँ सभी प्रसन्न हैं।
तुलसीदास की विद्या, चरित्र आदि पर सभी लोग मुग्ध हैं।

14

एक दिन, सखागण संग, पास,
चल चित्रकूटगिरि, सहोच्छ्‌वास,
देखा पावन वन, नव प्रकाश मन आया;
वह भाषा—छिपती छवि सुन्दर
कुछ खुलती आभा में रँगकर,
वह भाव कुरल-कुहरे-सा भरकर भाया।

एक दिन वह मित्रों के साथ चित्रकूट गए और वहाँ पर प्रकृति की शोभा देखी।
सहोच्छ्‌वास—उत्साह से भरे हुए।
नवप्रकाश—प्रकृति के दर्शन से मन में नई भावनाएँ जाग्रत हुईं।
वह भाषा...रँगकर—प्रकृति की भाषा स्पष्ट न होकर कुछ छिपती-सी अपनी ही आभा में रँगी हुई थी।
वह भाव...भाया—प्रकृति-दर्शन से उत्पन्न भाव कुहरे की कुंडली सा उनके मन को लगा अर्थात् आधा वह स्पष्ट था आधा अस्पष्ट परन्तु अत्यन्त आकर्षक।

15

केवल विस्मित मन, चिन्त्य नयन;
परिचित कुछ, भूला ज्यों प्रियजन—
ज्यों दूर दृष्टि की धूमिल-तन तट-रेखा,
हो मध्य तरंगाकुल सागर,
निःशब्द स्वप्नसंस्कारागर;
जल में अस्फुट छवि छायाधर, यों देखा।

प्रकृति की छवि देखकर उनके पुराने विस्मृत संस्कार जागने लगे।
केवल...मन—उनके मन में केवल विस्मय का भाव था।
चिन्त्य नयन—नेत्रों में किसी भूली बात को याद करने की हल्की चिन्ता-सी थी।
परिचित...प्रियजन—वस्तुएँ कुछ परिचित जान पड़ती थीं, कुछ भूली-सी, जैसे कोई प्रियजन बहुत दिनों के बाद देखने पर सहसा पहचान में नहीं आता।
ज्यों दूर...रेखा—समुद्र से देखनेवाले को जैसे पार की धुँधली रेखा दिखाई देती है।
हो मध्य...यों देखा—बीच में, तरंगों से आकुल परन्तु निःशब्द, स्वप्न संस्कारों का समुद्र जैसे लहराता हो। जल में छवि की अस्फुट छाया मात्र पड़ती-सी जान पड़ी; वास्तविक सौन्दर्य इन संस्कारों के परे था।

16

तरु - तरु वीरुध्-वीरुध् तृण-तृण
जाने क्या हँसते मसृण-मसृण,
जैसे प्राणों से हुए उऋण, कुछ लखकर;
भर लेने को उर में, अथाह,
बाँहों में फैलाया उछाह;
गिनते थे दिन, अब सफल-चाह पल रखकर।

प्रकृति में व्याप्त आनन्द का भान कवि को हुआ।
वीरुध्-वीरुध्—लताएँ।
मसृण—कोमल।
जैसे...लख कर—जैसे वे लता-गुल्म कुछ देखकर अपने प्राणों से उऋण हो गये, किसी तरह का सांसारिक-ऋण-बोध उन्हें न रह गया।
भर...उछाह—कवि को अपनी बाँहों में भर लेने को जैसे प्रकृति ने अपनी बाँहें फैला दी हों।
गिनते...रखकर—मिलने के लिए दिन गिने जा रहे थे; अब चाह पूरी हुई है। आँखों का पलक भाँजना भी बन्द हो गया।

17

कहता प्रति जड़, "जंगम-जीवन!
भूले थे अब तक बन्धु, प्रमन?
यह हताश्वास मन भार श्वास भर बहता;
तुम रहे छोड़ गृह मेरे कवि,
देखो यह धूलि-धूसरित छवि,
छाया इस पर केवल जड़ रवि खर दहता।

प्रकृति दर्शन से उत्पन्न भावों को शब्दों का रूप दिया गया है। प्रकृति अपनी वेदना कह कवि को सत्ता की खोज के लिए प्रेरित करती है।

कहता प्रति जड़...प्रमन—जड़ पदार्थ चेतन तुलसीदास से कहते हैं कि उन्हें अभी तक प्रकृति के विषय में भ्रम था।

प्रमन—प्रसन्न।

यह...बहता—उन पदार्थों का मन भार-स्वरूप श्वास को निराश-सा वहन करता है।

धूलि-धूसरित छवि—प्रकृति की छवि जो इस समय धूलि से रँगी निष्प्राण हो रही है।

जड़ रवि—प्रकृति का सब जीवन चला गया है। जड़ सूर्य उसे जलाता है।

18

"हनती आँखों की ज्वाला चल,
पाषाण-खंड रहता जल-जल,
ऋतु सभी प्रबलतर बदल-बदलकर आते;
वर्षा में पंक-प्रवाहित सरि,
है शीर्ण-काय-कारण हिम अरि;
केवल दुख देकर उदरम्भरि जन जाते।

हनती...जल—सूर्य की गर्मी में पत्थर जलकर रह जाता है।
ऋतु...आते—प्रबल ऋतुएँ प्रकृति पर आतंक जमाती आती हैं।
वर्षा में...अरि—वर्षा में कीचड़-पानी से नदी भरी थी; शरद् में वही क्षीण हो जाती है और उसकी क्षीणता का कारण (हिमअरि) सूर्य है।
केवल...जाते—इससे निष्कर्ष यह निकला कि उदर भरनेवाले लोग अपनी स्वार्थ-सिद्धि करके दूसरों को दुख देकर चले जाते हैं।
(प्रकृति का रूपक दूसरी ओर उस काल के समाज पर भी लागू है)।

19

"फिर असुरों से होती क्षण-क्षण
स्मृति की पृथ्वी यह, दलित-चरण;
वे सुप्त भाव, गुप्ताभूषण अब हैं सब;
इस जग के मग के मुक्त-प्राण!
गाओ—विहंग!—सद्ध्वनित गान,
त्यागोज्जीवित, वह ऊर्ध्व ध्यान, धारा-स्तव।

फिर...चरण—स्मृति की, पुराने संस्कारों की (मनुष्य और प्रकृति दोनों के संस्कारों की) भूमि असुरों द्वारा दलित होती है।
वे सुप्तभाव...सब—पुराने जीवित संस्कार इस समय छिपे आभूषण से लुप्त हो गए हैं।
इस जग...गान—हे मुक्तप्राण, संसार की मुक्ति के सुन्दर गीत गाओ (प्रकृति की दासता ऊपर दिखाई ही जा चुकी है।)
त्यागोज्जीवित...धारास्तव—वह गान त्याग के जीवन की भावना से अनुप्राणित हो; ऊर्ध्व, सांसारिकता से परे सत्य का ध्यान उसमें समाहित हो; और धारा के समान उस स्तव, वंदना, का प्रवाह हो। अर्थात् वह गान मनुष्यों को नवजीवन देनेवाला हो।

20

"लो चढ़ा तार—लो चढ़ा तार,
पाषाण-खंड ये, करो हार,
दे स्पर्श अहल्योद्धार-सार उस जग का;
अन्यथा यहाँ क्या? अन्धकार,
बन्धुर पथ, पंकिल सरि, कगार,
झरने, झाड़ी, कंटक; विहार पशु-खग का!

उसी नवीन गान के लिए और भी प्रेरणा है।
तार—वीणा के तार। चढ़ाने से भाव है कि गान में जीवन की पूर्ण स्फूर्ति हो।
पाषाण-खंड—बिना ज्ञान के प्रकृति जड़ है। वही ज्ञान का स्पर्श पाने से हार स्वरूप हो सकती है जैसे श्रीराम के स्पर्श से अहल्या पत्थर से नारी हो गई थी।
अन्यथा—बिना ज्ञान के स्पर्श के, प्रकृति अपने बाहरी दिखाई देनेवाले रूप में जड़ है।
वंधुर—दुर्गम; ऊँचे-नीचे।
पंकिल—कीचड़ से भरी (नदी)।

21

"अब स्मर के शर-केशर से झर
रँगती रज-रज पृथ्वी, अम्बर;
छाया उससे प्रतिमानस-सर शोभाकर;
छिप रहे उसी से वे प्रियतम
छवि के निश्छल देवता परम;
जागरणोपम यह सुप्ति-विरम भ्रम, भ्रम भर।"

मुसलमान सभ्यता में पड़े हुए भारतीयों की दुर्दशा की ओर प्रकृति भी इंगित करती है। पार्थिव ऐश्वर्य के मोह में सत्य की ज्योति ढक गई है।
अब स्मर...अंबर—कामदेव के शर केशर के हैं; उनसे झरती रज पृथ्वी-आकाश को रँग रही है। अर्थात् चारों ओर माया का साम्राज्य है।
जागरणोपम...भर—यह माया जागरण-सी लगती है परन्तु है वास्तव में सुप्ति का विराम, जिसमें मनुष्य अपनी चेतना खो बैठता है। यह भ्रम सभी को भुलावे में डाले हुए है।

22

बहकर समीर ज्यों पुष्पाकुल
वन को कर जाती है व्याकुल,
हो गया चित्त कवि का त्यों तुलकर उन्मन;
वह उस शाखा का वन-विहंग
उड़ गया मुक्त नभ निस्तरंग
छोड़ता रंग पर रंग—रंग पर जीवन।

फूलों की सुगंध से लदी वायु जैसे वन को व्याकुल कर देती है वैसे ही तुलसीदास का भी चित्त प्रकृति का यह सन्देश सुनकर उन्मन हो गया।

उस शाखा का वन-विहंग—तुलसीदास का मन जो अपनी पार्थिवता में चित्रकूट में था, ध्यान में लीन होकर ऊपर को उठने लगा।

मुक्त नभ निस्तरंग—तरंगहीन अचंचल आकाश तुलसीदास का मनोदेश ही है।

छोड़ता...जीवन—जिन रंगों को उनका मन छोड़ रहा है, वे संस्कारों के रंग हैं। अगोचर सत्य उनसे परे है और उसी की खोज में कवि का मन ऊपर उठ रहा है।

23

दूर, दूरतर, दूरतम, शेष,
कर रहा पार मन नभोदेश,
सजता सुवेश, फिर-फिर सुवेश जीवन पर,
छोड़ता रंग फिर-फिर सँवार
उड़ती तरंग ऊपर अपार
संध्या ज्योति ज्यों सुविस्तार अम्बर तर।

ऊर्ध्वगामी मन की क्रिया का सविस्तार वर्णन है। वह ऊपर ही ऊपर उठता जाता है और सजे हुए संस्कारों की सतहों को पार करता जाता है। जैसे वह एक रंग छोड़ता है, वैसे ही दूसरी संस्कारों की तरंग ऊपर उठती है जैसे संध्या-समय सूर्य की आभा आकाश में ऊपर उठती है। नभोदेश कहकर स्पष्ट कर दिया गया है कि जिस प्रदेश को तुलसीदास का मन पार कर रहा है, वह उन्हीं के भीतर है। पहले मन को विहंग के रूप में उड़ाकर यहाँ आकाश को संध्या ज्योति से घिरवाने में सार्थक व्यंजना है।

24

उस मानस उर्ध्व देश में भी
ज्यों राहु-ग्रस्त आभा रवि की
देखी कवि ने छवि छाया-सी, भरती-सी—
भारत का सम्यक् देशकाल;
खिंचता जैसे तम-शेष जाल,
खींचती, बृहत् से अन्तराल करती-सी।

मन की इस उड़ान से तुलसीदास को तत्कालीन भारतीय सभ्यता का पूरा आभास मिल गया।

मानस ऊर्ध्व देश—अनेक संस्कारों की तरंगें पार करने पर जिस सतह पर उनका मन था।

भरती...काल—जिस छाया के समान छवि को कवि ने देखा वह भारत के देशकाल को पूर्णत: अपने में भरती सी जान पड़ती थी।

खिंचता...जाल—जैसे जाल अन्धकार-शेष रह गया हो, इस प्रकार वह देशकाल दिखाई दिया।

खींचती...करती-सी—बृहत् से अन्तराल करके, जुदा करके, वह देशकाल की छवि लोगों को खींच रही थी। भारत की सभ्यता बँधी हुई-सी तुलसीदास को दिखाई दी।

25

बँध भिन्न-भिन्न भावों के दल
क्षुद्र से क्षुद्रतर, हुए विकल;
पूजा में भी प्रतिरोध-अनल है जलता;
हो रहा भस्म अपना जीवन,
चेतना-हीन फिर भी चेतन;
अपने ही मन को यों प्रति मन है छलता।

भारतीय सभ्यता का जो चित्र तुलसीदास के सामने आया, उसी का विस्तृत परिचय आगे दिया गया है।

बँध...विकल—छोटे-छोटे भावों के दल बँधकर कवि को क्षुद्र से क्षुद्रतर मालूम हुए। जिन भावों से यह संस्कृति बनी थी, वे अत्यन्त तुच्छ मालूम हुए।

पूजा...जलता—पूजा जो मुक्ति के लिए होनी चाहिए, पार्थिव इच्छाओं की पूर्ति के लिए की जाती है। इसलिए उसमें माया का प्रतिरोध अग्नि के समान भीतर ही भीतर जलता है। वह मनुष्य को मुक्ति की ओर न ले जाकर उसके पतन का कारण बनती है।

हो रहा...जीवन—अनल का जलना ऊपर बताया गया है। उसी से जीवन भस्म हो रहा है।

चेतना...चेतन—जब पूजा का यह रूप है तब माया में भूले हुए मनुष्य को चेतन कैसे कहा जाए?

अपने...छलता—परन्तु मनुष्य तो अपने को चेतन समझता ही है। यही उसकी छलना है और उस समय की भारतीय सभ्यता का यही रूप है। सत्य से दूर माया के वह निकट है।

26

इसने ही जैसे बार-बार
दूसरी शक्ति की की पुकार—
साकार हुआ ज्यों निराकार, जीवन में;
यह उसी शक्ति से है वलयित
चित देश-काल का सम्यक् जित,
ऋतु का प्रभाव जैसे संचित तरु-तन में!

इसने—मनने, जिसका ऊपर जिक्र हो चुका है।
दूसरी शक्ति—इस्लाम की शक्ति।
साकार...जीवन में—जैसे निराकार जीवन में साकार होता है, वैसे ही वह शक्ति भारतीय जीवन में व्याप्त हो गई (आगे जैसा कहा गया है, ऋतु का प्रभाव वृक्ष में संचित रहता है)।
यह...जित—विजित देशकाल का चित्त (मन) उसी शक्ति से घिरा हुआ है।
ऋतु...तनमे—वह शक्ति भारतीय जीवन में ऐसे व्याप्त है जैसे तरु में ऋतु का प्रभाव संचित हो।

27

विधि की इच्छा सर्वत्र अटल;
यह देश प्रथम ही था हत-बल;
वे टूट चुके थे ठाट सकल वर्णों के;
तृष्णोद्धत, स्पर्धागत, सगर्व
क्षत्रिय रक्षा से रहित सर्व;
द्विज चाटुकार; हत इतर वर्ग पर्णों के।

वे...वर्णों के—भारतीय समाज का आदि संगठन-क्रम नष्ट हो चुका था; इसीलिए इस नई शक्ति को उस पर विजय पाने में सरलता हुई। चार वर्णों की मर्यादा भंग हो चुकी थी।
तृष्णोद्धत...सगर्व—क्षत्रिय समाज की रक्षा करने में असमर्थ थे। वे उद्धत थे तो तृष्णा से, सच्चे पराक्रम और धर्म से नहीं; गर्व की मात्रा उनमें विशेष थी।
हत...पर्णों के—पर्णकुटी के रहनेवाले साधारण लोग कुचले हुए थे।

28

चलते-फिरते, पर निस्सहाय,
वे दीन, क्षीण कंकालकाय;
आशा-केवल जीवनोपाय उर-उर में;
रण के अश्वों से शस्य सकल
दलमल जाते ज्यों, दल के दल
शूद्रगण क्षुद्र-जीवन-सम्बल, पुर-पुर में।

निम्न वर्गों का वर्णन है।
आशा...उर में—प्रत्येक हृदय में पेट भरने की कामना ही है और इसी आशा से वे जीते हैं। क्षुद्र-जीवन-संबल—जिन्दगी पार करने के थोड़े ही सामान शूद्रों के पास थे।

29

वे शेष-श्वास, पशु, मूक-भाष,
पाते प्रहार अब हताश्वास;
सोचते कभी, आजन्म ग्रास द्विजगण के
होना ही उनका धर्म परम,
वे वर्णाधम, रे द्विज उत्तम,
वे चरण-चरण बस, वर्णाश्रम-रक्षण के!

शेषश्वास—वे, उन, शूद्रों में साँस लेने भर को जीवन है।
मूक-भाष—अपनी वेदना मुँह से कह भी नहीं सकते।
चरण...रक्षण के—शूद्र समाज-पुरुष के चरण मात्र ही रह गये हैं। उनमें मस्तिष्क वाली कोई बात नहीं।

30

रक्खा उन पर गुरु-भार, विषम
जो पहला पद, अब मद-विष-सम;
द्विज लोगों पर इस्लाम-क्षम वह छाया,
जो देश-काल को आवृत कर
फैली है सूक्ष्म मनोनभ पर,
देखी कवि ने समझा अब—वर, क्या माया।

गुरुभार—ब्राह्मणों ने सेवा का भारी भार शूद्रों पर रखा।

विषय...सम—सेवा के लिए जो पहले शूद्रों को पद मिला वह अब सम्मानहीन हो उनके लिए विष-तुल्य हो गया।

द्विज लोगों...छाया—ब्राह्मण, क्षत्रिय और वैश्यों पर ही इस्लाम की शक्ति वाली वह छाया फैली अपना काम कर रही थी।

वर, क्या माया—उस छाया को देख कवि समझा देश के लिए क्या वर था, क्या माया (अभिशाप) थी।

31

इस छाया के भीतर हैं सब,
है बँधा हुआ सारा कलरव,
भूले सब इस तम का आसव पी-पीकर।
इसके भीतर रह देश-काल
हो सकेगा न रे मुक्त-भाल,
पहले का-सा उन्नत विशाल ज्योति:सर।

इस इस्लाम की सभ्यता के भीतर भारतीय जीवन बँधा हुआ है।
कलरव—प्राणों की क्रिया।
तमका आसव—माया का मद।
ज्योति:सर—ज्योति में चलनेवाला।

32

दीनों की भी दुर्बल पुकार
कर सकती नहीं कदापि पार
पार्थिवैश्वर्य का अन्धकार पीड़ाकर,
जब तक कांक्षाओं के प्रहार
अपने साधन को बार-बार
होंगे भारत पर इस प्रकार तृष्णापर।

दीनों...पीड़ाकर—यह दासता दीनों की पुकार से छिन्न नहीं हो सकती। भौतिक ऐश्वर्य का अन्धकार दीनों से कहीं अधिक सबल है।
जब...तृष्णापर—जब तक मनुष्य अपनी इच्छाओं की पूर्ति के लिए भारत पर आक्रमण करते रहेंगे (तब तक दीनों की मुक्ति असम्भव है)।

33

सोचा कवि ने, मानस-तरंग,
यह भारत-संस्कृति पर सभंग
फैली जो, लेती संग-संग, जन-गण को;
इस अनिल-वाह के पार प्रखर
किरणों का वह ज्योतिर्मय घर,
रविकुल-जीवन-चुम्बनकर मानस-धन जो।

कवि ने सोचा कि मुक्ति इस इस्लामी संस्कृति के परे है।
मानस...सभंग—इस्लाम की छाया जो भारतीय संस्कृति को ढके हुए है।
अनिल...घर—यह छाया वास्तविक नहीं, हवा की तरह बहनेवाली अदृश्य है। इसके ऊपर किरणों का घर है अर्थात् सत्य का आलोक इस छाया से परे है।
रविकुल...जो—वह सत्य का घर सूर्य की किरणों के संस्पर्श से जीवित है। वही मानस का वास्तविक धन भी है। रामचरितमानस और उसके नायक रामचन्द्र की ओर भी इंगित है कि सूर्यवंश की आत्मा वही किरणों का घर है।

34

है वही मुक्ति का सत्य रूप,
यह कूप-कूप भव-अन्ध कूप;
वह रंक, यहाँ जो हुआ भूप, निश्चय रे।
चाहिए उसे और फिर और,
फिर साधारण को कहाँ ठौर?
जीवन के, जग के, यही तौर हैं जय के।

है वही...कूप—मुक्ति वहीं है; यह संसार तो दासता के लिए कुआँ-सा है।
वह रंक...रे—जो यहाँ राजा है वह छल-प्रपंच के ही कारण; ज्ञान की दृष्टि से वह रंक मात्र है।
यही...जय के—संसार में बड़े बनने के यही तरीके हैं। दूसरों का धन अपहरण किए बिना आदमी बड़ा बन नहीं सकता; इसीलिए वह वास्तव में तुच्छ है।

35

करना होगा यह तिमिर पार—
देखना सत्य का मिहिर-द्वार—
बहना जीवन के प्रखर ज्वार में निश्चय—
लड़ना विरोध से द्वंद्व-समर,
रह सत्य-मार्ग पर स्थिर निर्भर—
जाना, भिन्न भी देह, निज घर निःसंशय।

तिमिर—माया का अन्धकार।

मिहिरद्वार—सूर्य की आभा से प्रकाशित सत्य का द्वार।

जीवन के प्रखर ज्वार में इस अज्ञान के जीवन से परे सत्य की खोज के भरे जीवन में।

भिन्न भी देह—देह के नष्ट होने पर भी।

निज घर निःसंशय—निःशंक होकर (या निश्चित रूप से) उसी सत्य के घर पहुँचना है।

36

कल्मषोत्सार कवि के दुर्दम
चेतनोर्मियों के प्राण प्रथम
वह रुद्ध द्वार का छाया-तम तरने को—
करने को ज्ञानोद्धत प्रहार—
तोड़ने को विषम वज्र-द्वार;
उमड़े भारत का भ्रम अपार हरने को।

तुलसीदास के प्राणों में उस छाया से युद्ध करने की जो चेष्टा हुई, उसी का वर्णन है।
कल्मषोत्सार—पाप को नाश करनेवाले।
दुर्दम—अप्रतिहत।
चेतनोर्मियों के प्राण प्रथम—चेतना की लहरों के प्रथम प्राण। जो शक्ति क्रियाशील हुई वह उनकी चेतना में प्राथमिक थी; अभी उनका पूर्ण मानव युद्धोन्मुख न हुआ था।
रुद्ध द्वार—ज्ञान का द्वार जो अभी बन्द है।
ज्ञानोद्धत—ज्ञान से उद्धत; ज्ञान होना चाहिए, इस आवश्यकता का ज्ञान ही उनकी प्रेरणा है।
उमड़े—चेतनोर्मियों के प्राण उमड़े।
भारत का भ्रम—उनके प्राणों की क्रिया उनका अपना अज्ञान ही नहीं, सारे भारत का अज्ञान दूर करने के लिए।

37

उस क्षण, उस छाया के ऊपर,
नभ-तम की-सी तारिका सुघर;
आ पड़ी, दृष्टि में, जीवन पर, सुन्दरतम
प्रेयसी, प्राणसंगिनी, नाम
शुभ रत्नावली—सरोज-दाम
वामा, इस पथ पर हुई वाम सरितोपम।

इतना सब हो चुकने पर, जब सिद्धि निकट जान पड़ती थी, उनकी स्त्री की मूर्ति उनके मार्ग में विघ्न बनकर उपस्थित हुई। अभी मोह से निकलने में उन्हें देर थी। यहाँ नारी-प्रकृति को सिद्ध किया है कि इस्लाम की शक्ति से—भौतिक संसार की समस्त शक्ति से वह ऊपर है।

नभ...सुघर—जैसे आकाश में तारिका चमकती है, वैसे ही उस ऊँची मन की सतह पर उन्हें रत्नावली की मुख-छवि दिखाई दी।

सरोज-दाम—कमल की-सी कान्तिवाली।

वाम सरितोपम—उनके मार्ग में वह वाम हुई जैसे किसी राही की राह में नदी पड़ जावे।

38

'जाते हो कहाँ?' तुले तिर्यक्
दृग, पहनाकर ज्योतिर्मय स्त्रक्
प्रियतम को ज्यो, बोले सम्यक् शासन से;
फिर लिये मूँद वे पल पक्ष्मल—
इन्दीवर के-से कोश विमल;
फिर हुई अदृश्य शक्ति पुष्कल उस तन से।

उस छवि ने शीघ्र कवि को अपने भीतर मूँद लिया और उनका उत्थान-क्रम बन्द हो गया।

तुले तिर्यक् दृग—उसकी चढ़ी तिरछी आँखें।

ज्योतिर्मय स्त्रक्—आँखों ने अपनी ज्योति से जैसे प्रिय को ज्योति की माला पहना दी हो।

सम्यक् शासन से—आँखों ने प्रिय पर शासन करते हुए कहा।

पक्ष्मल—बड़ी बरौनियों वाले।

इन्दीवर... विमल—नील कमल के सुन्दर कोश के समान।

पुष्कल—वह श्रेष्ठ शक्ति (अवश्य हो गई)

39

उस ऊँचे नभ का, गुंजनपर,
मंजुल जीवन का मन-मधुकर,
खुलती उस दृग-छवि में बँधकर, सौरभ को
बैठा ही था सुख से क्षण-भर,
मुँद गये पलों के दल मृदुतर,
रह गया उसी उर के भीतर, अक्षम हो।

भौंरे की तरह तुलसीदास का मन रत्नावली की छवि पर क्षण भर बैठा ही था कि उस छवि-कुसुम ने अपने दल बन्द कर लिए और वह उसी के भीतर बन्द होकर रह गया। उनका मन नारी के रूप पर मुग्ध हो लक्ष्य तक न जा सका।

40

उसके अदृश्य होते ही रे,
उतरा वह मन धीरे-धीरे,
केशर - रज - कण अब हैं हीरे—पर्वतचय;
यह वही प्रकृति पर रूप अन्य;
जगमग-जगमग सब वेश वन्य;
सुरभित दिशि-दिशि, कवि हुआ धन्य, मायाशय।

रत्नावली के अदृश्य होते ही उनका मन धीरे-धीरे नीचे उतर आया। अब प्रकृति की शोभा कुछ और ही जान पड़ी; उसका दाह और दुख उन्हें भूल गया।
केशर...चय—केशर की रज से पर्वतों के समूह हीरे-से मालूम देने लगे।
मायाशय—माया से अभिभूत।

41

यह श्री पावन, गृहिणी उदार;
गिरि-वर उरोज, सरि पयोधार;
कर वन-तरु; फैला फल निहारती देती;
सब जीवों पर है एक दृष्टि,
तृण-तृण पर उसकी सुधा-वृष्टि,
प्रेयसी, बदलती वसन सृष्टि नव लेती।

श्री पावन—प्रकृति की पवित्र छवि।

बदलती...लेती—प्रकृति का नई-नई चीजों की सृष्टि करना मानो प्रेयसी का वस्त्र बदलना है।

तुलसीदास को प्रकृति में अपनी स्त्री की ही छवि दिखाई दी।

42

ये जिस कर के रे झंकृत स्वर
गूँजते हुए इतने सुखकर,
खुलते, खोलते प्राण के स्तर भर जाते;
व्याकुल आलिंगन को, दुस्तर,
रागिनी की लहर, गिरि-वन-सर
तरती; जो ध्वनित, भाव सुन्दर कहलाते।

जिसके कर...स्वर—प्रकृति के स्वर उसी नारी के हाथों से झंकृत स्वर है।
प्राण...जाते—प्राणों की सभी तहों को भर देते हैं।
रागिनी...तरती—उसी नारी के सौन्दर्य की रागिनी पहाड़, वन और सरोवरों को पार करती है।

43

यों धीरे-धीरे उतर-उतर,
आया मन निज पहली स्थिति पर;
खोले दृग, वैसी ही प्रान्तर की रेखा;
विश्राम के लिए मित्र-प्रवर
बैठे थे ज्यों, बैठे पथ पर;
वह खड़ा हुआ, त्यों ही रहकर यह देखा।

वैसी...रेखा—अपनी पहली दशा पर उतर आने पर सभी वस्तुओं का रूप भी पहले जैसा हो गया (प्रान्तर—वन)।

44

फिर पंचतीर्थ को चढ़े सकल
गिरिमाला पर, हैं प्राण चपल
सन्दर्शन को, आतुर-पद चलकर पहुँचे।
फिर कोटितीर्थ देवांगनादि
लख सार्थक-श्रम हो विगत-व्याधि
नग्न-पद चले, कंटक, उपाधि भी, न कुँचे।

सन्दर्शन को—पंचतीर्थ दर्शन के लिए।

विगत व्याधि...कुँचे—दर्शन आदि से प्रसन्न हो लौटे तो मार्ग की बाधाएँ भी भूल गए, पैरों में काँटे भी न लगे।

कंटक, उपाधि भी—विघ्न, उपद्रव होते हुए भी काटे।

45

आये हनुमद्द्वारा द्रुततर,
झरता झरना वीर पर प्रखर,
लखकर कवि रहा भाव में भरकर क्षण-भर;
फिर उतरे गिरि, चल किया पार
पथ—पयस्विनी सरि मृदुल धार;
स्नानान्त, भजन, भोजन, विहार, गिरि-पद पर।

वीर पर—हनुमान जी के पास।
पथ...पयस्विनी—उनकी राह में पयस्विनी नदी पड़ती थी।
गिरिपद—पर्वत के नीचे।

46

कामदगिरि का कर परिक्रमण
आये जानकी-कुंड सब जन;
फिर स्फटिकशिला, अनसूया-वन सरि-उद्गम,
फिर भरतकूप, रह इस प्रकार,
कुछ दिन सब जन कर वन-विहार
लौटे निज-निज गृह हृदय धार छवि निरुपम।

चित्रकूट में जहाँ-जहाँ वे और गए, वहाँ-वहाँ के नाम दिए गए हैं।

47

प्रेयसी के अलक नील, व्योम;
दृग-पल कलंक;—मुख मंजु, सोम;
नि:सृत प्रकाश जो, तरुण क्षोम प्रिय तन पर;
पुलकित प्रतिपल मानस-चकोर
देखता भूल दिक् उसी ओर;
कुल इच्छाओं का वही छोर जीवन-भर।

वहाँ से लौटने पर तुलसीदास उसी प्रिया की छवि के ध्यान में मग्न हैं।
प्रेयसी...तन पर—प्रेयसी का मुख चन्द्रमा है; उसका कलंक, उसकी आँखें; आकाश उसकी अलकें हैं और उस चन्द्रमुख से प्रकाश निकलता है? वह कवि के शरीर पर सुन्दर रेशम की तरह पड़ा हुआ है।
मानस-चकोर—उनका मन चकोर की तरह उसी चन्द्रमुख की ओर देखता है।
जीवन-भर—उनके जीवन का पोषण करनेवाला।

48

जिस शुचि प्रकाश का सौर-जगत्
रुचि-रुचि में खुला, असत् भी, सत्,
वह बँधा हुआ है एक महत् परिचय से;
अविनश्वर वही ज्ञान भीतर,
बाहर भ्रम, भ्रमरों को, भास्वर;
वह रत्नावली-सूत्रधर पर आशय से।

तुलसीदास रत्नावली को ही समग्र सृष्टि का रहस्य मानते हैं।
सौरजगत्...सत्—अनेक सौन्दर्यों में प्रकट सौरजगत् असत् होते हुए भी सत् लगता है।
वह बँधा...परिचय से—कारण कि वह एक महान परिचय से बँधा है (यह परिचय सौन्दर्य का है)।
हरती—मन हरती।
वह...झरने को—निर्झर के समान वह तुलसीदास पर अपने स्नेह की वर्षा करती थी।
अविनश्वर...भास्वर—भ्रम में पड़े लोगों को उसका बाह्य रूप ही, जो नश्वर है, दिखाई देता है; उसके भीतर अमर ज्ञान है।
वह रत्नावली...से—रत्नावली इस जगत् की सूत्रधार है परन्तु रहस्य से, अपने बाह्य रूप से नहीं वरन् उस सौन्दर्य का प्रतीक होकर जो संसार की एकता का कारण है।

49

देखता, नवल चल दीप युगल
नयनों के, आभा के कोमल;
प्रेयसी के, प्रणय के, निस्तल विभ्रम के,
गृह की सीमा के स्वच्छभास—
भीतर के, बाहर के प्रकाश,
जीवन के, भावों के विलास, शम-दम के।

चल दीप...नयनों के—आँखें दो सुन्दर दीपों सी लगती हैं।

निस्तल विभ्रम के—अन्तहीन विलास के।

स्वच्छभास—स्वच्छ प्रकाशवाले।

भीतर...प्रकाश—घर और बाहर संसार में प्रकाश भरनेवाले हैं; तुलसीदास का घर और बाहर का ज्ञान नारी के प्रति मोह में ही सीमित हैं।

जीवन के...शमदम के—वे नेत्र जीवन के नेत्र हैं (जीवन के प्रदर्शक हैं); उनमें भावों का विलास है और वे शमदम की शिक्षा देनेवाले भी हैं।

तपस्या और सिद्धि तुलसीदास को उसकी आँखों में ही दिखाई देती थीं।

50

पर वही द्वंद्व के भी कारण,
बन्ध की शृंखला के धारण,
निर्वाण के पथिक के वारण, करुणामय;
वे पलकों के उस पार, अर्थ
हो सका न, वे ऐसे समर्थ;
सारा विवाद हो गया व्यर्थ, जीवन-क्षय।

द्वंद्व—वे नेत्र सांसारिक संघर्ष के भी कारण हैं।

बंध...धारण—बन्धन की जंजीर भी वे पकड़े हैं।

निर्वाण...करुणामय—करुणा से भरे वे नेत्र निर्वाण के पथ के पथिक को भ्रष्ट करनेवाले हैं।

वे...समर्थ—नेत्र पलकों के पर्दे के उस पार हैं, इसलिए वे ऐसे समर्थ हैं कि उनका मतलब कोई अब तक नहीं लगा सका।

सारा...जीवन-क्षय—आँखों पर हुआ सारा वाद-विवाद व्यर्थ हो गया है, जीवन नष्ट हो गया है।

51

उस प्रियावरण प्रकाश में बँध,
सोचता, "सहज पड़ते पग सध;
शोभा को लिये ऊर्ध्व औ' अध घर बाहर,
यह विश्व, सूर्य, तारक-मंडल,
दिन, पक्ष, मास, ऋतु, वर्ष चपल;
बँध गति-प्रकाश में बुद्ध सकल पूर्वापर।

प्रिया के मोह में पड़े हुए कवि के विचार दिए जाते हैं।

प्रियावरण-प्रकाश—प्रिया के आवरण के प्रकाश में; वह प्रिया का वास्तविक प्रकाश नहीं है, केवल उसका मोह है।

सहज...सध—उसके प्रेम में वह अपना रास्ता ठीक पहचानता है।

शोभा...बाहर—ऊपर-नीचे घर-बाहर की सभी वस्तुएँ उसी शोभा में बँधी हैं।

यह विश्व...चपल—विश्व, सूर्य, ऋतु आदि सब उसी सौन्दर्य में बँधे हैं।

बँध...पूर्वापर—उसी छवि की गति के प्रकाश में सभी आगे-पीछे की वस्तुएँ बँधी जाग्रत हैं। यद्यपि सारा संसार उस शोभा में बँधा है फिर भी वह ज्ञानवान है।

52

"बन्ध के बिना, कह, कहाँ प्रगति?
गति-हीन जीव को कहाँ सुरति?
रति-रहित कहाँ सुख? केवल क्षति—केवल क्षति;
यह क्रम-विनाश; इससे चलकर
आता सत्वर मन निम्न उतर;
छूटता अन्त में चेतन स्तर, जाती मति।

तुलसीदास इस बन्धन को अपना मन समझाने को मुक्ति सिद्ध करते हैं।
क्रम-विनाश—यदि बन्धन न हो तो क्रमशः मनुष्य विनाश के निकट पहुँच जाएगा।
छूटता...मति—इस प्रकार अन्त में चेतन स्तर छूट जाता है और मनुष्य की मति जाती रहती है। (तुलसीदास के साथ इसके विपरीत बातें घटी हैं परन्तु वे उसका उलटा अर्थ कर समर्थन कर रहे हैं)।

53

"देखो प्रसून को वह उन्मुख!
रँग-रेणु-गन्ध भर व्याकुल-सुख,
देखता ज्योतिमुख; आया दुख-पीड़ा सह।
चटका कलि का अवरोध सदल,
वह शोधशक्ति, जो गन्धोच्छल,
खुल पड़ती पल-प्रकाश को, चल परिचय वह।

ऊपर के तर्क के लिए एक उदाहरण देते हैं।

उन्मुख—ऊपर को उठता हुआ।

ज्योति मुख—जिसके मुख पर ज्योति पड़ती हो।

चटका...सदल—कलि के दलों में बँधा हुआ फूल अपने बन्धन को तोड़कर आगे बढ़ता है।

शोधशक्ति—सत्य की खोज करनेवाली फूल की शक्ति।

गंधोच्छल—गंध से छलकता।

पल-प्रकाश को—पुष्प की शक्ति देशकाल के ज्ञान से हीन काल के प्रकाश में खुल पड़ती है।

चल परिचय—चलता हुआ परिचय; सुगन्ध से जैसे परिचय चल है।

54

"जिस तरह गन्ध से बँधा फूल,
फैलता दूर तक भी, समूल;
अप्रतिम प्रिया से, त्यों दुकूल-प्रतिमा में
मैं बँधा एक शुचि आलिंगन,
आकृति में निराकार, चुम्बन;
युक्त भी मुक्त यों आजीवन, लघिमा में।"

जिस...समूल—गंध से बँधा हुआ फूल अपने उसी बन्धन गंध के कारण दूर-दूर तक फैला रहता है (यह बन्धन की महिमा है)।

अप्रतिम प्रिया से...चुम्बन—प्रिया से वह बँधे हुए हैं फिर भी प्रिया गंध की तरह अमूर्त है; देखने को आकृति है परन्तु दोनों के संसर्ग से उत्पन्न चुम्बन निराकार है।

युक्त...लघिमा में—इस प्रकार प्रिया से युक्त भी वह मुक्त है, बन्धन की लघिमा के कारण।

55

सोचता कौन प्रतिहत-चेतन—
वे नहीं प्रिया के नयन, नयन;
वह केवल वहाँ मीन-केतन, युवती में;
अपने वश में कर पुरुष-देश
है उड़ा रहा ध्वज-मुक्तकेश;
तरुणी-तनु आलम्बन-विशेष, पृथ्वी में?

प्रतिहत-चेतन—बेहोश।
वे...नयन—कौन मनुष्य सोचता है कि वे प्रिया के नयन वास्तविक ज्ञान के नयन नहीं हैं।
वह...युवती में—युवती में वह केवल मछली की ध्वजा वाला काम है (आँखें मछली हैं और बाल पताका हैं)।
अपने...मुक्तकेश—पुरुषदेश अपने वश में करके युवती रूपी दंड में ध्वजा (उसके केश) उड़ा रहा है।
तरुणी...पृथ्वी में—युवती का तन कामदेव के लिए विशेष आलम्बन है।

56

वह ऐसी जो अनुकूल युक्ति
जीव के भाव की नहीं मुक्ति;
वह एक भुक्ति ज्यों मिली शुक्ति से मुक्ता;
जो ज्ञानदीप्ति, वह दूर, अजर,
विश्व के प्राण के भी ऊपर;
माया वह, जो जीव से सुघर संयुक्ता।

जीव...मुक्ति—तुलसीदास के अपनी इच्छाओं के अनुकूल तर्क जीव की मुक्ति के लिए नहीं है।

भुक्ति—केवल भोग के लिए वे तर्क हैं।

शुक्ति से मुक्ता—शुक्ति से मिली जैसे मुक्ता मुक्त नहीं होती।

माया...संयुक्ता—जो जीव से मिली है वह माया है; ज्ञान प्राणशक्ति के भी ऊपर है।

57

मृत्तिका एक कर सार-ग्रहण
खुलते रहते बहुवर्ण, सुमन,
त्यों रत्नावली-हार में बँध मन चमका,
पाकर नयनों की ज्योति प्रखर,
ज्यों रविकर से श्यामल जलधर,
बहु वर्णों के भावों से भरकर दमका।

मृत्तिका...चमका—मिट्टी से अनेक रंगों के फूल निकलते हैं, वैसे ही रत्नावली के मोह से तुलसीदास में नव-नव भाव जन्म लेते हैं।

पाकर...दमका—सूर्य किरणों से जैसे बादल की कान्ति बढ़ती है, वैसे ही रत्नावली के नयनों की ज्योति से तुलसीदास का मन अनेक रंगीन भावनाओं से भरकर चमक उठा।

58

वह रत्नावली, नाम-शोभन
पति-रति में प्रतनु, अत: लोभन
अपरिचित-पुण्य अक्षय क्षोभन धन कोई;
प्रियकरालम्ब को सत्य-यष्टि;
प्रतिमा में श्रद्धा की समष्टि;
मायायन में प्रिय-शयन व्यष्टि भर सोयी;—

नाम-शोभन—सुन्दर नाम वाली।
पति-रति में प्रतनु—पति को प्रसन्न करने में कोमल और तन्वंगी।
अपरिचित...कोई—उसका पुण्य लोगों में अज्ञात है; उसका धन जो आगे तुलसीदास की सहायता करनेवाला है, अक्षय है।
क्षोभन—क्षोभ उत्पन्न करनेवाला।
प्रिय...यष्टि—प्रिय को सन्मार्ग पर लाने के लिए यष्टि।
प्रतिमा...समष्टि—मूर्ति में भी वह श्रद्धा की समष्टि थी, श्रद्धा जो कवि को मुक्ति की ओर ले जानेवाली थी।
मायायन—माया के गृह में।
प्रियशयन—व्यष्टि भर सोई—प्रिय के शयन की व्यष्टि (व्यक्ति) को भरकर सोई थी।

59

लखती ऊषारुण, मौन, राग,
सोते पति से वह रही जाग;
प्रेम के फाग में आग त्याग की तरुणा;
प्रिय के जड़ युग कूलों को भर
बहती ज्यों स्वर्गंगा सस्वर;
नश्वरता पर अलोक—सुघर दृक्-करुणा।

ऊषारुण—उषा के समान रंगीन।
राग—वह पारस्परिक मोह का तमाशा देख रही थी।
प्रिय...सस्वर—प्रिय रूपी नद के दोनों जड़ किनारों को भर स्वर्ग की गंगा के समान सस्वर बहती थी।
नश्वरता...करुण—संसार की नश्वरता पर वह आँखों की प्रकाशयुता करुणा थी। तुलसीदास को माया से उबारने के लिए वही एक आशा थी।

60

धीरे-धीरे वह हुआ पार
तारा-द्युति से बँध अन्धकार;
एक दिन बिदा को बन्धु द्वार पर आया;
लख रत्नावली खुली सहास;
अवरोध-रहित बढ़, गयी पास;—
बोला भाई, "हँसती उदास तू छाया—

धीरे...अन्धकार—रत्नावली की तारा सी ज्योति से वह अन्धकार धीरे-धीरे कुछ काल बाद पार हुआ; अब तुलसीदास के दिन फिरने का समय आया।

अवरोध रहित—बिना किसी हिचक के।

हँसती...छाया—छाया सी उदास तू हँसती है परन्तु अपनी ग्लानि छिपा नहीं सकती।

61

"हो गयी रतन, कितनी दुर्बल,
चिन्ता में बहन, गयी तू गल?
माँ, बापूजी, भाभियाँ सकल पड़ोस की
हैं विकल देखने को सत्वर;
सहेलियाँ सब, ताने देकर;
कहती हैं, बेचा वर के कर, आ न सकी!

सत्वर—शीघ्र।

62

"तुझसे पीछे भेजी जाकर
आयीं वे कई बार नैहर;
पर तुझे भेजते क्यों श्रीवरजी डरते?
हम कई बार आ-आकर घर
लौटे पाकर झूठे उत्तर;
क्यों बहन, नहीं तू सम, उन पर बल करते?

क्यों बहन न...बल करते—उन पर बल दिखाते हुए क्या तू उनकी बराबर नहीं हो सकती?

63

"आँसुओं भरी माँ दुख के स्वर
बोलीं, रतन से कहो जाकर,
क्या नहीं मोह कुछ माता पर अब तुमको?
जामाताजी वाली ममता
माँ से तो पाती उत्तमता।
बोले बापू, योगी रमता मैं अब तो—

जामाता...उत्तमता—माँ खुद जामाता जी वाली ममता को बढ़ा देती हैं—लड़की को पति का प्यार सिखाती हैं।
(उलाहने के रूप में कहा गया है)।

64

“कुछ ही दिन को हूँ कूल-द्रुम;
छू लूँ पद फिर कह देना तुम।
बोली भाभी, लाना कुंकुम-शोभा को;
फिर किया अनावश्यक प्रलाप,
जिसमें जैसी स्नेह की छाप!
पर अकथनीय करुणा-विलाप जो माँ को।

कूल-द्रुम—नदी के किनारे के वृक्ष के समान; आज रहे, कल न रहे।
कुंकुम-शोभा—कुंकुम की तरह जिसकी शोभा बढ़ी हुई हो।

65

“हम बिना तुम्हारे आये घर,
गाँव की दृष्टि से गये उतर;
क्यों बहन, ब्याह हो जाने पर, घर पहला
केवल कहने को है नैहर?—
दे सकता नहीं स्नेह-आदर?—
पूजे पद, हम इसलिए अपर?” उर दहला

अपर—दूसरे हो गए।
उर दहला—रत्नावली का हृदय काँप उठा।

66

उस प्रतिमा का, आया तब खुल
मर्यादागर्भित धर्म विपुल,
धुल अश्रु-धार से हुई अतुल छवि पावन,
वह घेर-घेर निस्सीम गगन
उमड़े भावों के घन पर घन,
फैला, ढक सघन स्नेह-उपवन, यह सावन।

मर्यादागर्भित—मर्यादा से बँधा (धर्म प्रकट हुआ)।
अतुल—अनुपम सौन्दर्य वाली।
गगन—उसका हृदय।
भावों के घन पर घन—भावों के बादल।
स्नेह-उपवन—प्रिय के स्नेह रूपी उपवन को उसके सावन ने, भावों के बादलों ने घेर लिया।

67

बोली वह, मृदु-गम्भीर-घोष,
"मैं साथ तुम्हारे, करो तोष।"
जिस पृथ्वी से निकली सदोष वह सीता,
अंक में उसी के आज लीन—
निज मर्यादा पर समासीन;
दे गयी सुहद् को स्नेह-क्षीण गत गीता।

मृदुगम्भीर घोष—सुन्दर गम्भीर स्वर में बोली।
तोष—सन्तोष करो।
जिस पृथ्वी...समासीन—पृथ्वी से सीता सदोष निकली थीं, परन्तु अपनी मर्यादा की रक्षा करती उसी में समा गईं। वैसे ही रत्नावली भी अपने धर्म की रक्षा करनेवाली थी।
दे गई...गीता—वह पति के हाथ जैसे चुपचाप स्नेह से मलिन हुई प्रेम की पुरानी गीता दे गई।

68

बोला भाई, "तो चलो अभी,
अन्यथा, न होंगे सफल कभी
हम, उनके आ जाने पर, जी यह कहता।
जब लौटें वह, हम करें पार
राजापुर के ये मार्ग, द्वार।"
चल दी प्रतिमा। घर अन्धकार अब बहता।

घर...बहता—घर में, उस प्रकाश-प्रतिमा के चले जाने से अन्धकार छा गया।

69

लेते सौदा जब खड़े हाट,
तुलसी के मन आया उचाट;
सोचा, अबके किस घाट उतारें इनको;
जब देखो, तब द्वार पर खड़े,
उधार लाए हम, चले बड़े!
दे दिया दान तो अड़े पड़े अब किनको?

उधार...चले बड़े—बड़े आये कहीं के लिवानेवाले, मानो हम कहीं से उसे उधार लाए हों। दे...किनको—एक बार कन्यादान करके अब किसलिए अड़े हैं।

70

सामग्री ले लौटे जब घर,
देखा नीलम-सोपानों पर
नभ के, चढ़ती आभा सुन्दर पग धर-धर;
श्वेत, श्याम, रक्त, पराग-पीत,
अपने सुख से ज्यों सुमन भीत;
गाती यमुना नृत्यपर, गीत कल-कल स्वर।

नीलम सोपानों पर—आकाश की नीलम की बनी सीढ़ियों पर।
आभा—संध्या की आभा उन सीढ़ियों पर पैर धरते जैसे चढ़ रही हो। (नारी के मोह में, प्रकृति में भी, उसी की प्रतिच्छाया दिखाई देती है)।
पराग-पीत—अपने पराग से पीले लगनेवाले।
अपने...भीत—फूल अपने सुखाधिक्य से जैसे डर रहे हों।
नृत्यपर—नाचती हुई।

71

देखा, वह नहीं प्रिया, जीवन;
नत-नयन भवन, विषण्ण आँगन;
आवरण शून्य वे बिना वरण-मधुरा के
अपहृत-श्री, सुख-स्नेह का सद्म,
नि:सुरभि, हंत, हेमन्त-पद्म!
नैतिक-नीरस, निष्प्रीति, छद्म ज्यों, पाते।

वह...जीवन—उनका जीवन, उनकी प्रिया घर में नहीं है।
नत...आँगन—घर जैसे आँखें नीची किए है और आँगन दुखी-सा मालूम होता है।
आवरण—आच्छादन, वस्त्र आदि।
शून्य—वे सूने लगते थे।
अपहृत-श्री—जिसकी शोभा चली गई हो।
सुख-स्नेह का सद्म—सुख-स्नेह का घर।
नि:सुरभि...पद्म—हेमंत ऋतु के पाले से मारे हुए गंधहीन कमल के समान।
नैतिक...पाते—नीति वाले छद्म जैसे प्रेम नहीं पाते, वैसे ही वह घर भी नीरस हो रहा था।
वरणमधुरा के—रंगों से जो मधुर है, उस नारी के बिना (रत्नावली के रंगीन स्नेह के बिना घर की सभी वस्तुएँ सूनी लगती हैं)।

72

यह नहीं आज गृह, छाया-उर,
गीति से प्रिया की मुखर, मधुर;
गति-नृत्य, तालशिंजित-नूपुर चरणारुण;
व्यंजित नयनों का भाव सघन
भर रंजित जो करता क्षण-क्षण;
कहता कोई मन से, उन्मन, सुन रे, सुन।

छाया-उर—स्नेह की छाया सी रत्नावली जिस घर में रहती थी, वह घर नहीं रहा।
गीत...मधुर—प्रिया के गीत से प्रतिध्वनित।
गति...चरणारुण—प्रिया की गति से ही जहाँ नृत्य होता था, बजते नूपुर ताल देते थे; गृह पैरों की ललाई से जैसे लाल हो रहा था।
व्यंजित...क्षण—नयनों से सघन स्नेह वाला जहाँ भाव व्यंजित होता था और प्रिय को प्रतिक्षण रंजित करता था।
कहता...सुन—कोई, ऐ उचटे हुए, सुन तू सुन। मन से कहता था।

73

वह आज हो गयी दूर तान,
इसलिए मधुर वह और गान,
सुनने को व्याकुल हुए प्राण प्रियतम के;
छूटा जग का व्यवहार - ज्ञान,
पग उठे उसी मग को अजान,
कुल - मान - ध्यान श्लथ स्नेह - दान - सक्षम से।

वह...प्रियतम के—गीत दूर जाने से और प्रिय हो गया; अत: तुलसीदास प्रिया से मिलने के लिए और भी व्याकुल हुए।

व्यवहार-ज्ञान—साधारण व्यवहार की बातें भी याद न रहीं।

कुलमान-ध्यान श्लथ—कुल के मान के ध्यान से हीन (उनके पग)।

स्नेहदान-सक्षम से—स्नेहदान करने में समर्थ है जो उससे कुल और मान को तोड़कर पैर उठे।

74

मग में पिक - कुहरित डाल - डाल,
हैं हरित विटप सब सुमन - माल,
हिलतीं लतिकाएँ ताल-ताल पर सस्मित।
पड़ता उन पर ज्योतिः प्रपात,
हैं चमक रहे सब कनक-गात,
बहती मधु-धीर समीर ज्ञात, आलिंगित।

राह में प्रकृति आनन्द में डूबी दिखाई देती है।
पिक-कुहरित—वृक्षों की डालियों पर कोयलें बोलती हैं।
सुमन-माल—वृक्षों पर फूल माला के समान पड़े हुए हैं।
ज्योतिः प्रपात—सूर्य की किरण उन पर पड़ती है।
कनक-गात—सोने की सी देह लिये।
मधुधीर—फूलों का मधुपान करने से गम्भीर-गति वाली।
ज्ञात—उसका स्नेह दूसरों पर प्रकट है।
आलिंगित—फूल, लता आदि द्वारा आलिंगन की जाती हुई।

75

धूसरित बाल-दल, पुण्य-रेणु,
लख चारण-वारण-चपल धेनु,
आ गयी याद उस मधुर-वेणु-वादन की;
वह यमुना-तट, वह वृन्दावन,
चपलानन्दित यह सघन गगन;
गोपी-जन-यौवन-मोहन-तन वह वन-श्री।

धूसरित बालदल—चरवाहे बालक धूल से भरे हैं।
पुण्यरेणु—उन पर चढ़ी धूल भी पवित्र दिखाई देती है।
चारणवारण-चपलधेनु—चराये और हाँके जाने से चपल गायें।
आ गई...वादन की—कृष्ण के बंसी बजाने की याद आ गई।
चपलानन्दित...गगन—उस आकाश की याद आ गई जिसमें बादल घिरे हुए थे और बिजली चमक रही थी।
गोपी...श्री—वह वनश्री गोपियों के यौवन को मोहनेवाली थी।

76

सुनते सुख की वंशी के सुर,
पहुँचे रत्नधर रमा के पुर;
लख सादर, उठी समाज श्वसुर-परिजन की;
बैठाला देकर मान-पान;
कुछ जन बतलाए कान-कान;
सुन बोली भाभी, यह पहचान रतन की!

सुख की वंशी—प्रकृति के मोहक स्वर।
रत्नधर—रत्नावली के पति; रत्न को धारण करनेवाले।
रमा के पुर—लक्ष्मी, अपनी स्त्री के गाँव।
कुछ...कान-कान—कुछ लोगों ने कानाफूसी की कि इतनी जल्दी कैसे आ गए।
सुन...रतन की—इतनी जल्दी आना तुलसीदास का अपनी पत्नी के प्रति प्रेम सूचित करता है।

77

जल गये व्यंग्य से सकल अंग,
चमकी चल-दृग ज्वाला-तरंग,
पर रही मौन धर अप्रसंग वह बाला;
पति की इस मति-गति से मरकर,
उर की उर में ज्यों, ताप-क्षर,
रह गयी सुरभि की म्लान-अधर वर-माला।

जल...अंग—भाभी के व्यंग्य से रत्नावली के अंगों में आग लग गई।
चमकी...तरंग—उसके चंचल नेत्रों में अग्नि जल उठी।
तापक्षर—आन्तरिक ताप से पीड़ित।
रह गई...वरमाला—मुरझाये दलों की खुशबू वाली वरमाला के समान रत्नावली रह गई।

78

बोली मन में होकर अक्षम,
रक्खो, मर्यादा पुरुषोत्तम!
लाज का आज भूषण, अक्लम, नारी का;
खींचता छोर, यह कौन और
पैठा उनमें जो अधम चौर?
खुलता अब अंचल, नाथ, पौर साड़ी का!

बोली...पुरुषोत्तम—मन में असमर्थ होकर मर्यादा पुरुषोत्तम राम का स्मरण किया।
लाज...नारी का—नारी के लाज के भूषण की रक्षा करो।
अक्लम—न थकनेवाले।
खींचता...चौर—तुलसीदास के मन में कौन चोर पैठा हुआ उसके वस्त्र को खींच रहा है (मोह का चोर दु:शासन है; रत्नावली द्रौपदी है जिसका चीर खींचा जा रहा है)।
खुलता...साड़ी का—हे नाथ, पुर की लज्जा रूपिणी साड़ी का अंचल खुल रहा है।

79

कुछ काल रहा यों स्तब्ध भवन,
ज्यों आँधी के उठने का क्षण;
प्रिय श्रीवरजी को जिवाँ शयन करने को
ले चली साथ भावज हरती
निज प्रियालाप से वश करती,
वह मधु-शीकर निर्झर झरती झरने को।

कुछ काल...क्षय—आँधी उठने के पहले जो क्षणिक निस्तब्धता रहती है, वही इस समय उस घर में व्यापी थी।

80

जेंए फिर चल गृह के सब जन,
फिर लौटे निज-निज कक्ष शयन;
प्रिय-नयनों में बँध प्रिया-नयन चयनोत्कल
पलकों से स्फारित, स्फुरित-राग
सुनहला भरे पहला सुहाग,
रग-रग से रँग रे रहे जाग स्वप्नोत्पल।

लौटे...कक्ष-शयन—अपने-अपने कमरों में सोनेवाले लौटे।
प्रिय...चयनोत्कल—प्रियाओं के नयन प्रियों के नयनों से बँधे स्नेह चयन करते हैं।
पलकों...सुहाग—सुन्दरियों के नेत्र खुले हुए हैं और उनसे स्नेह का राग निकल रहा है। प्रथम सुहाग का सुनहला स्नेह उन्हें सुन्दर बनाए है।
राग...स्वप्नोत्पल—उन आँखों में स्वप्नों के कमल स्नेह के रंग में रँगे हुए खिले हैं।

81

कवि-रुचि में घिर छलकता रुचिर,
जो, न था भाव वह छवि का स्थिर—
बहती उलटी ही आज रुधिर-धारा वह,
लख-लख प्रियतम-मुख पूर्ण-इन्दु
लहराया जो उर मधुर सिन्धु,
विपरीत, ज्वार, जल-विन्दु-विन्दु द्वारा वह।

कवि स्थिर—कवि के मन में जो सौन्दर्य का भाव छलक रहा था, वह रत्नावली का स्थायी भाव न था; अत: उसके सौन्दर्य से उत्पन्न भाव भी स्थिर न था।
बहती...धारा वह—रत्नावली के भीतर जैसे उलटा रक्त-प्रवाह हो रहा था। प्रियतम को देख पहले की भाँति उसके भीतर मोह न उमड़ रहा था।
लख...द्वारा वह—प्रिय का पूर्णचन्द्र-सा मुख देखकर उसके सिंधु-से हृदय में जो ज्वार उठा वह जलबिन्दुओं से संचित, विपरीत दिशा में बह रहा था। पति की तरह वह भी मोह में न डूबी थी; अत: वह स्नेह जो अभी तक तुलसीदास के प्रति था, अब दूसरी ओर को बह रहा था।

82

अस्तु रे, विवश, मारुत-प्रेरित,
पर्वत-समीप आकर ज्यों स्थित
घन-नीलालका दामिनी जित ललना वह;
उन्मुक्त-गुच्छ चक्रांक-पुच्छ,
लख नर्तित कवि-शिखि-मन समुच्च
वह जीवन की समझा न तुच्छ छलना वह।

मारुत-प्रेरित—हवा से उड़ाई हुई।
घन-नीलालका—बादलों के समान काले केश वाली।
दामिनीजित—बिजली को जीतनेवाली, उससे भी सुन्दर। (रत्नावली की तुलना पर्वत के समीप आई कादंबिनी से की गई है)।
उन्मुक्त...समुच्च—कादंबिनी को देखकर कवि का मयूरमन अपने सारे पंख फैलाकर नाच उठा।
वह जीवन की...वह—वह यह न समझा कि वह नारी का रूप धोखा भर था।

83

बिखरी छूटीं शफरी-अलकें,
निष्पात नयन-नीरज पलकें,
भावातुर पृथु उर की छलकें उपशमिता,
नि:सम्बल केवल ध्यान-मग्न,
जागी योगिनी अरूप-लग्न,
वह खड़ी शीर्ण प्रिय-भाव-मग्न निरुपमिता।

शफरी-अलकें—मछली के समान लटें।
निष्पात...पलकें—कमल-से नेत्रों की पलकों ने गिरना बन्द कर दिया है।
भावातुर...उपशमिता—भावों से आन्दोलित हृदय की लहरें शान्त हो गई थीं।
नि:संबल—बिना किसी सहारे के।
ध्यान-मग्न—सत्य के ध्यान में लीन।
जागी...लग्न—वह रूप को त्याग, रूपहीन सत्य से सम्बन्धित, योगिनी के समान जागी।
वह...निरुपमिता—निरुपम सौन्दर्य वाली प्रिय का मोह त्याग, वह कृश देह वाली खड़ी थी।

84

कुछ समय अनन्तर, स्थित रहकर,
स्वर्गीयाभा वह स्वरित प्रखर
स्वर में झर-झर जीवन भरकर ज्यों बोली;
अचपल ध्वनि की चमकी चपला,
बल की महिमा बोली अबला,
जागी जल पर कमला, अमला मति डोली—

स्वर्गीयाभा—स्वर्गिक प्रकाश।
स्वरित—मुखर हुई। बोली।
स्वर में...ज्यों बोली—अपने शब्दों में जीवन भरकर बोली।
अचपल...चपला—वह ऐसे बोली जैसे बिजली चमकी हो, और वह बिजली की चमक स्थिर थी।
बल की...अबला—कहलाती अबला है, परन्तु है वह बल की महिमा, विश्व के बल का प्रतीक नारी।
जागी...डोली—जैसे जल पर लक्ष्मी जागी हो अथवा सरस्वती ही चंचल हो उठी हों।

85

"धिक! धाये तुम यों अनाहूत,
धो दिया श्रेष्ठ कुल-धर्म धूत,
राम के नहीं, काम के सूत कहलाए!
हो बिके जहाँ तुम बिना दाम,
वह नहीं और कुछ—हाड़, चाम!
कैसी शिक्षा, कैसे विराम पर आये!"

अनाहूत—बिना बुलाए।
धूत—पवित्र।
कैसी...आए—जीवन में सुन्दर शास्त्रादि की ऊँची शिक्षा पाकर नारी के चरणों पर जीवन निछावर करने के लिए तुलसीदास आये, शिक्षा का यह परिणाम उसे अच्छा न लगा।

86

जागा, जागा संस्कार प्रबल,
रे गया काम तत्क्षण वह जल,
देखा, वामा, वह न थी, अनल-प्रतिमा वह;
इस ओर ज्ञान, उस ओर ज्ञान,
हो गया भस्म वह प्रथम भान,
छूटा जग का जो रहा ध्यान, जड़िमा वह।

संस्कार—मुक्ति के इच्छुक का पुराना संस्कार।
काम—पत्नी के प्रति मोह।
देखा...वह—नारी न रहकर, रत्नावली अग्नि की प्रतिमा जान पड़ी।
प्रथम भान—पहला मोह।
जड़िमा—मायाजनित अज्ञान।

87

देखा, शारदा नील-वसना
हैं सम्मुख स्वयं सृष्टि-रशना,
जीवन - समीर - शुचि - निःश्वसना, वरदात्री,
वाणी वह स्वयं सुवादित स्वर
फूटीं तर अमृताक्षर-निर्झर,
यह विश्व हंस, हैं चरण सुघर जिस पर श्री।

तुलसीदास ने पत्नी को सरस्वती के रूप में देखा; मोह की भावनाएँ बदल जाने पर नारी दिव्य-रूप में दिखाई दी।

नील-वसना—नीले वस्त्र पहने।

सृष्टि-रशना—सृष्टि की जिह्वा।

जीवन...निःश्वसना—जीवन की पवित्र वायु देनेवाली।

वरदात्री—वर देनेवाली।

वीणा...स्वर—अपने आप जैसे सरस्वती की वीणा बज रही हो, ऐसा रत्नावली का स्वर था।

फूटीं...निर्भर—अमृत से अक्षर का शीतल निर्झर जैसे फूटा हो।

यह...श्री—शारदा के चरणों के विश्व लिये हंस के समान है; जिस पर उनके चरणों की कान्ति है।

88

दृष्टि से भारती से बँधकर
कवि उठता हुआ चला ऊपर;
केवल अम्बर—केवल अम्बर फिर देखा;
धूमायमान वह घूर्ण्य प्रसर
धूसर समुद्र शशि-ताराहर,
सूझता नहीं क्या ऊर्ध्व, अधर, क्षर रेखा।

दृष्टि...देखा—सरस्वती के दर्शन से एक बार फिर तुलसीदास के मन की उड़ान शुरू हुई।
धूमायमान...ताराहर—समस्त शून्य घूमते हुए धुएँ के समुद्र सा लगता था जिसमें चन्द्र और तारे डूब-से रहे थे।
सूझता...रेखा—उस शून्य में क्या ऊपर है, क्या नीचे, कुछ न सूझता था; सभी सीमाएँ मिटती-सी जान पड़ती हैं।

89

चमकी तब तक तारा नवीन,
द्युति-नील-नील, जिसमें विलीन
हो गयीं भारती, रूप-क्षीण महिमा अब;
आभा भी क्रमश: हुई मन्द,
निस्तब्धव्योम—गति-रहितछन्द;
आनन्द रहा, मिट गये द्वंद्व, बन्धन सब।

तारा—वही रत्नावली वाली तारिका।
द्युति...विलीन—उसमें शून्य की नीलिमा विलीन हो रही थी।
हो गई...अब—वह तारिका बदलकर सरस्वती हो गई जिनका अब कोई रूप न था। वह तारिका, तुलसीदास के नवीन दृष्टिकोण के कारण रत्नावली में परिवर्तित न हुई।
आभा...मंद—उस तारिका का, सरस्वती का प्रकाश भी क्रमश: मंद हो गया।
निस्तब्ध...छंद—आकाश गतिहीन छंद सा नि:स्पन्द था; शून्य की सभी क्रियाएँ बन्द थीं।
आनन्द...सब—इस आनन्द की दशा तक पहुँचने से जीवन के द्वंद्व, बन्धन आदि सब मिट गए।

90

थे मुँदे नयन, ज्ञानोन्मीलित,
कलि में सौरभ ज्यों, चित में स्थित;
अपनी असीमता में अवसित प्राणाशय;
जिस कलिका में कवि रहा बन्द,
वह आज उसी में खुली मन्द,
भारती-रूप में सुरभि-छन्द निष्प्रश्रय।

थे...ज्ञानोन्मीलित—ज्ञान के नेत्र खुले हुए थे, यद्यपि देखने को आँखें बन्द थीं।

कलि...स्थित—कलि के भीतर जैसे सुरभि रहती है, वैसे ही तुलसीदास अपने ही चित्त में स्थित थे।

अपनी...प्राणाशय—तुलसीदास की सम्पूर्ण प्राणशक्ति उनकी असीमता में स्थित है; एक जगह होते हुए भी वह अपनी असीमता जान गए हैं।

जिस...बन्द—जिस सौन्दर्य में कवि ढका था।

वह...मंद—उस सौन्दर्य का उसमें विकास हुआ।

भारती...निष्प्रश्रय—सुगंध और छंद जैसे फूल और गीत में विकसित होते हैं उसी प्रकार सरस्वती का उनमें विकास हुआ।

91

जब आया फिर देहात्मबोध,
बाहर चलने का हुआ शोध,
रह निर्विरोध, गति हुई रोध-प्रतिकूला,
खोलती मृदुल दल बन्द सकल
गुदगुदा विपुल धारा अविचल
बह चली सुरभि की ज्यों उत्कल, निःशूला—

जब...बोध—जब देह का ज्ञान हुआ।
शोध-—खोज।
रह...प्रतिकूला—उनकी गति इस समय बाधा-विरोधहीन थी।
खोलती...निःशूला—गंध की धारा जैसे मुँदे दलों को खोलती बह चलती है, वैसे ही तुलसीदास की चेतना का निर्बाध प्रवाह था।

92

बाजीं बहती लहरें कलकल,
जागे भावाकुल शब्दोच्छल,
गूँजा जग का कानन-मंडल, पर्वत-तल;
सूना उर ऋषियों का ऊना
सुनता स्वर, हो हर्षित, दूना,
आसुर भावों से जो भूना, था निश्चल।

लहरें—चेतना की लहरें।

जागे...शब्दोच्छल—शब्दों के रूप में छलकते आकुल भाव जागे।

गूँजा...पर्वततल—तुलसीदास की जागृति का प्रभाव विश्व पर पड़ा; समस्त प्रकृति में भी जैसे नवजीवन आ गया।

सूना...दूना—ऋषियों का त्रस्त हृदय कवि के स्वर को प्रसन्न होकर सुनने लगा।

आसुर...निश्चल—ऋषियों का मन आसुरी भावों से भस्म होकर निर्जीव हो चुका था।

93

"जागो, जागो, आया प्रभात,
बीती वह, बीती अन्ध रात,
झरता भर ज्योतिर्मय प्रपात पूर्वाचल;
बाँधो, बाँधो किरणें चेतन,
तेजस्वी, हे तमजिज्जीवन;
आती भारत की ज्योतिर्धन महिमाबल।

तुलसीदास ने जो सोचा, उसका उल्लेख किया जाता है।
जागो... अन्ध रात—अज्ञान की रात बीतने पर ज्ञान का प्रभाव हुआ।
झरता...पूर्वाचल—पूर्व का पर्वत ज्योति का झरना झर रहा है (उदयगिरि पर ज्ञान-सूर्य उदित हुआ)।
बाँधो...जीवन—अन्धकार को जीतनेवाले तपस्वियो, इन चेतना की किरणों का संग्रह करो।
आती...महिमाबल—भारत के ज्ञान-गौरव का अब प्रसार आरम्भ हुआ।

94

"होगा फिर से दुर्धर्ष समर
जड़ से चेतन का निशिवासर,
कवि का प्रति छवि से जीवनहर, जीवन-भर;
भारती इधर, हैं उधर सकल
जड़ जीवन के संचित कौशल;
जय, इधर ईश, हैं उधर सबल माया-कर।

होगा...निशिवासर—जड़ और चेतन का भयानक संग्राम फिर शुरू होगा।
कवि...भर—कवि का प्रत्येक जड़-रूप से युद्ध होगा और यह युद्ध कृत्रिम जीवन का नाश कर मानव को नवजीवन देनेवाला होगा।
भारती...कौशल—एक ओर सरस्वती हैं दूसरी ओर मायावी जीवन के सब कौशल हैं।
जय...मायाकर—एक ओर ईश्वर और जय हैं दूसरी ओर माया करनेवाले दैत्य हैं (दो संस्कृतियों के संघर्ष को ही जैसे तुलसीदास ने रामायण में राम-रावण के युद्ध में वर्णित किया हो)।

95

"हो रहे आज जो खिन्न-खिन्न
छुट-छुटकर दल से भिन्न-भिन्न
यह अकल-कला, गह सकल छिन्न, जोड़ेगी,
रवि-कर ज्यों विन्दु-विन्दु जीवन
संचित कर करता है वर्षण,
लहरा भव - पादप, मर्षण - मन मोड़ेगी।

हो रहे...जोड़ेगी—जीवन के जो छोटे-छोटे दल छिन्न होकर बिखरे हुए हैं, उन्हें अविच्छिन्न कवि की नवीन कला जोड़ेगी।

रवि-कर...मोड़ेगी—सूर्य जैसे बिन्दु-बिन्दु जल संचित कर बादलों से बरसता है और विश्व के वक्ष को नवजीवन से लहरा देता है, वैसे ही कवि की कला लोभ-मोह आदि से ग्रस्त मानवों को ज्ञान की ओर प्रेरित करेगी।

96

“देश-काल के शर से बिंधकर
यह जागा कवि अशेष-छविधर
इनका स्वर भर भारती मुखर होएँगी;
निश्चेतन, निज तन मिला विकल,
छलका शत-शत कल्मष के छल
बहतीं जो, वे रागिनी सकल सोएँगी।

देश...छविधर—देशकाल की बाधाओं से पीड़ित इस छवि की चेतना जागी है; उसे अपनी असीम सुन्दरता का बोध हुआ है।

निश्चेतन...सोएँगी—राग, द्वेष, छल-कपट आदि की जो रागिनियाँ बहती थीं और समाज को निर्जीव किए थीं, वे अब सोएँगी।

97

"तम के अमार्ज्य रे तार-तार
जो, उन पर पड़ी प्रकाश-धार;
जग-वीणा के स्वर के बहार रे, जागो;
इस कर अपने कारुणिक प्राण
कर लो समक्ष देदीप्यमान—
दे गीत विश्व को रुको, दान फिर माँगो।"

जग के...जागो—संसार की वीणा अज्ञान के अन्धकार में डूबी थी; उस पर ज्ञान का प्रकाश पड़ा। अब उसमें से नये बसन्त के स्वर निकलेंगे।
इस...माँगो—इस वीणा के स्वरों से अपने प्राणों में नवीन शक्ति संचित कर लो।

98

क्या हुआ कहाँ, कुछ नहीं सुना,
कवि ने निज मन भाव में गुना,
साधना जगी केवल अधुना प्राणों की,
देखा सामने, मूर्ति छल-छल
नयनों में छलक रही अचपल,
उपमिता न हुई समुच्च सकल तानों की।

क्या...गुना—कहाँ क्या हुआ, कवि ने कुछ न देखा; अपनी बातें उसने मन में ही सोच लीं।
साधना...प्राणों की—इस समय केवल प्राणों में साधना का भाव जाग्रत था।
देखा...तानों की—सामने रत्नावली को आँखों में जल भरे देखा। वह जैसे विश्व-संगीत की प्रतिमा निरुपम सौन्दर्यवाली थी।

99

जगमग जीवन का अन्त्य भाष—
"जो दिया मुझे तुमने प्रकाश,
अब रहा नहीं लेशावकाश रहने का
मेरा उससे गृह के भीतर;
देखूँगा नहीं कभी फिरकर,
लेता मैं, जो वर जीवन-भर बहने का।"

जगमग...भाष—चेतन जीवन की अन्तिम बात जो कवि ने अपनी पत्नी से कही।
लेता मैं...बहने का—जो वर जीवनभर वहन करने को है, लेता हूँ।

100

चल मन्दचरण आये बाहर,
उर में परिचित वह मूर्ति सुघर
जागी विश्वाश्रय महिमाधर, फिर देखा—
संकुचित, खोलती श्वेत पटल
बदली, कमला तिरती सुख-जल,
प्राची-दिगन्त-उर में पुष्कल रवि-रेखा।

[रचनाकाल : 1934 ई.। 'सुधा', मासिक, लखनऊ, के फरवरी, मार्च, अप्रैल, मई और जुलाई 1935 के अंकों में पाँच किस्तों में प्रकाशित।]

उर में...सुधर—रत्नावली की सुन्दर मूर्ति।
जागी...महिमाधर—उसे विश्व को आश्रय देनेवाली गौरवमयी मूर्ति के रूप में देखा।
संकुचित...पटल—सरस्वती जो कमलों को खोल रही थी।
बदली...सुखजल—लक्ष्मी रूप में जल पर तिरती दिखाई दी।
प्राची...रेखा—और उसी मूर्ति का प्रकाश जैसे सूर्य की सुन्दर रेखा के रूप में पूर्व में फूटा हो।